Género Ficción histórica

Pregunta esencial

¿Cómo afectan tu vida los inventos y la tecnología?

El radio de Ron

Feana Tu'akoi

ilustrado por Eric Scott Fisher

CAPÍTULO 1

El sueño radial

—¡Adivina! —dijo Ron mientras Jimmy trepaba a la casa del árbol—. ¡Mi familia comprará un radio!

Su amigo sonrió y se dejó caer en el suelo. —¿Acaso van a comprar uno por el que indagó tu famoso tío Joe? —preguntó.

—No. Sin embargo, él ha estado jugando con radios caseros por más de una década, desde que volvió de la guerra —dijo Ron—. Él ayudará a papá a instalarlo.

Ron siempre hablaba de su tío. Jimmy sonrió y relató.

—Tu tío Joe construye sus propios radios. En una ocasión, te dejó escuchar por los auriculares el sonido de un violín. En otra ocasión, el mensaje de un barco. El tío Joe dice que las personas han enviado mensajes, incluso, ¡al otro lado del océano Atlántico!

—Al menos has prestado atención a lo que te he contado —dijo Ron en medio de una carcajada.

Ron continuó emocionado.

—Pero no hablo de un radio casero. Este aparato es uno auténtico, un modelo de piso con su propio gabinete. Es de última tecnología. Podremos escuchar lo que queramos, cuando queramos.

—¡Piénsenlo bien, chicos! —dijo el padre de Ron, asomando su cabeza en la casa del árbol—. No tendrán permitido tocar el radio. ¡Aún recuerdo lo que le hicieron a mi reloj!

Los chicos se sintieron avergonzados. Habían desarmado el reloj para averiguar cómo funcionaba, pero no pudieron armarlo de nuevo.

—El nuevo radio no es un juguete —añadió el padre de Ron—. Es una maravilla de la ingeniería moderna y me gustaría que ustedes dos no lo tocaran.

AHORA COMPRUEBA

¿Por qué les dice el padre de Ron a los chicos que no tendrán permitido tocar el radio nuevo?

Capítulo 2

El radio nuevo

Cuando por fin llegó el radio, Ron no le pudo quitar los ojos de encima. Era alto y estaba puesto en el piso. Tenía un reluciente gabinete de madera y un altavoz para que todos pudieran escuchar al mismo tiempo. Ron pensó que era la cosa más hermosa que había visto.

Ron observó a su padre y al tío Joe instalar el radio contra la pared de la sala de estar. El tío Joe hizo una demostración: giró los sintonizadores y le mostró al padre de Ron cómo sintonizar diferentes estaciones.

El padre de Ron asintió.

—Parece fácil —dijo.

Ron pensó lo mismo.

Primero, hubo un sh-sh-shh de estática, seguido por un nítido estallido de música.

Después, hubo un reporte del clima, pero era para otra parte del país.

—Busquemos algunas noticias locales y el clima —dijo su padre con una sonrisa.

El tío Joe encontró una estación. Entonces, todos ayudaron a mover el mueble, mientras la madre de Ron dirigía. Todos podrían sentarse alrededor del radio y escucharlo juntos.

El tío Joe revisó el radio por última vez y lo apagó.

—Todo lo que tienen que hacer es encender el radio y usar este sintonizador para encontrar una estación. Entonces, solo siéntense y ¡a disfrutar! —dijo.

—¡Quien inventó esto es un genio! —gritó Ron, saltando de la emoción—. ¡No puedo esperar a escuchar todos esos programas nuevos!

—Tendrás que hacerlo —dijo el padre de Ron y lo miró seriamente—. No te quiero ver cerca del radio, excepto cuando estemos escuchando todos juntos.

AHORA COMPRUEBA

¿Por qué movió el mueble la familia de Ron?

CAPÍTULO 3

El accidente

Cada noche después de la cena, Ron y sus padres se reunían alrededor del radio. Ron se tenía que sentar en silencio para que sus padres pudiesen escuchar cada palabra, pero a él no le importaba.

Los padres de Ron disfrutaban escuchar las transmisiones de noticias. Les gustaba escuchar acerca de sucesos en lugares lejanos, casi tan pronto como ocurrían. Las noticias radiales eran actuales.

—Tengo que decir que nunca me había sentido tan bien informada —decía la madre de Ron.

Ron pensaba que las noticias eran aburridas, pero le gustaban algunos programas educativos, especialmente los de ciencia y nuevas tecnologías. Más que nada, disfrutaba escuchar narraciones inglesas.

Un día que sus padres no estaban, Ron le contó a Jimmy de las narraciones. Jimmy estaba fascinado.

—¡Por favor, déjame ver el radio! —le suplicó.

Los chicos exploraron los alrededores para asegurarse de que no hubiera nadie cerca. Luego, se escabulleron en la sala de estar. Al principio se limitaron a mirar el radio.

—¡Es hermoso! —suspiró Jimmy.

—Suena hermoso también —dijo Ron—. ¡Escucha!

Ron encendió el radio cuidadosamente y movió el sintonizador hasta encontrar una estación canadiense.

Detective del lenguaje

Inglés es el gentilicio para referirse a lo que proviene de Inglaterra, por ejemplo, narraciones inglesas. ¿Qué otro gentilicio puedes encontrar en esta página?

Los chicos se sentaron a escuchar el radio. Entonces, oyeron que la puerta del frente se abría.

Los dos brincaron de miedo. Jimmy dio un vistazo por la ventana.

—¡Tus padres están en casa! —gritó Jimmy—. ¡Estamos en un gran problema!

—Solamente lo devolveremos a la estación original —dijo Ron—. Nunca lo notarán.

—¡Rápido! —gritó Jimmy—. ¡Vienen para acá!

Jimmy presionó a Ron para que se apresurara. Ron se resbaló y se estrelló contra el gabinete.

De repente, todo quedó en silencio. No había narración, ni estática, nada.

Ron se sintió mal.

—Ve a casa —le dijo a Jimmy—. Es mi culpa. Yo buscaré una solución.

AHORA COMPRUEBA

¿Qué programas les gustaba escuchar a Ron y sus padres en el radio?

CAPÍTULO 4

Tío Joe al rescate

Tan pronto como sus padres llegaron a la casa, Ron les dijo lo que había sucedido. Él esperaba que ellos se enfurecieran, pero no lo hicieron. Se habían quedado tristes y muy callados.

Ron se sentía terrible. Estaba desesperado por arreglar las cosas.

—Quizás el tío Joe pueda repararlo —sugirió.

Cuando el tío Joe llegó, la habitación estaba en silencio. Todos observaron mientras removía la parte trasera del radio y empezaba a repararla.

—Ron —dijo finalmente—, ve y tráeme mi caja de herramientas, por favor.

Detective del lenguaje	*Había sucedido* es un tiempo compuesto. ¿Qué otro tiempo compuesto puedes encontrar en esta página?

Ron trajo la caja de herramientas y se la pasó a su tío. El tío Joe encontró la herramienta que buscaba y la usó para reconectar un cable.

Cuando el tío Joe dio la vuelta hasta el frente del gabinete, Ron contuvo la respiración y cerró los ojos.

De repente, una voz surgió del radio. Ron casi lloró del alivio.

—¡Muchas gracias, tío Joe! —dijo, casi derribándolo con un abrazo de oso—. ¡Prometo que nunca tocaré el radio de nuevo!

Su padre se inclinó y le susurró algo al tío Joe, quien asintió y sonrió.

—Así es. No podrás tocar el radio de nuevo —dijo el padre de Ron—. En vez de eso, podrás tener tu propio radio. De esta forma, llamó la atención de la madre de Ron. Ella asintió.

—Quizás tome algo de tiempo —continuó su padre—, pero si consigues el dinero para las partes, el tío Joe te ayudará a construirlo.

Ron estaba sorprendido.

—¿De verdad? —preguntó.

—¡De verdad! —dijo su padre.

Su madre sonrió.

—Y dile a Jimmy que te ayude también —dijo—. ¡Eso debería alejarlos de los problemas por un tiempo! ¡Hasta de pronto consigan su propia patente!

AHORA COMPRUEBA

¿Por qué decide el padre de Ron que Ron debería construir un radio por sí mismo?

Respuesta a la lectura

Resumir

A partir de los detalles importantes de *El radio de Ron,* resume el relato. El organizador gráfico puede servirte de ayuda.

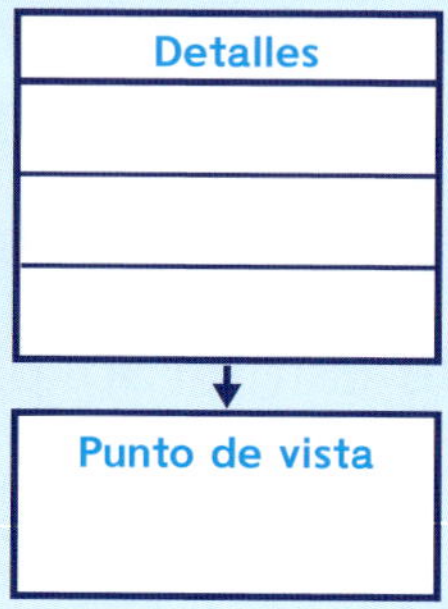

Evidencias del texto

1. ¿Qué elementos de *El radio de Ron* indican que este es un texto de ficción histórica? GÉNERO

2. Describe el punto de vista desde el cual se narra el relato. Cita ejemplos del texto. PUNTO DE VISTA

3. Escribe un sinónimo de la palabra *actuales* de la página 9. SINÓNIMOS

4. Escribe cómo cambiaría este relato si Ron fuera el narrador en primera persona. ESCRIBIR SOBRE LA LECTURA

Género Texto expositivo

Compara los textos

Lee cómo usó la radio el presidente Roosevelt para hablarles a los estadounidenses durante la década de 1930.

Las charlas familiares de Roosevelt

Franklin D. Roosevelt se convirtió en el presidente de Estados Unidos en 1933, durante la Gran Depresión. Fue una época muy difícil. Cerraron muchos bancos, fábricas y tiendas. Millones de personas perdieron sus casas y sus trabajos. El presidente Roosevelt quería hablarles directamente a los estadounidenses.

La Gran Depresión fue una época muy difícil para las familias.

Un nuevo uso para la radio

Las charlas del presidente Roosevelt en la radio se llamaron "charlas familiares". Las personas las podían escuchar en la sala de sus casas. Usualmente empezaban con "Mis compatriotas estadounidenses" o "Mis amigos".

El presidente Roosevelt era calmado y optimista. Explicaba qué hacía el Gobierno para ayudar a la gente. También les decía a los oyentes qué podían hacer para ayudar.

La edad de oro de la radio

En la década de 1930, las familias se reunían para escuchar la radio de la misma manera que la gente se reúne hoy para ver televisión. Escuchaban música, deportes, comedias, historias y las noticias más recientes. Por primera vez en la historia, las personas comunes y corrientes las personas de todo el mundo podían oír las noticias de todo el mundo cuando sucedían.

Bettmann/Getty Images

Tranquilizar a una nación

Entre 1933 y 1944, el presidente Roosevelt transmitió aproximadamente 30 charlas familiares. Les pidió a sus oyentes que tuvieran fe en los bancos y que apoyaran su plan de recuperación. En 1941, cuando Estados Unidos entró a la Segunda Guerra Mundial, pidió a sus oyentes que apoyaran el esfuerzo de guerra.

Las charlas eran muy populares. Ayudaron a tranquilizar a las personas durante una época muy difícil en la historia.

El presidente Roosevelt hablaba a sus oyentes como un amigo.

Haz conexiones

¿Cómo contribuyó la radio a que las personas oyeran noticias recientes? **PREGUNTA ESENCIAL**

¿Cómo ayudó la tecnología a la familia de Ron y al presidente Roosevelt? **EL TEXTO Y OTROS TEXTOS**

Enfoque:
Género

Ficción histórica En la ficción histórica se narra un relato que se ambienta en el pasado. En ocasiones, el autor brinda información de un suceso real o se basa en hechos reales. La ficción histórica le permite comprender al lector cómo era la vida en el pasado.

Lee y descubre En un relato que se ambienta en el pasado, el autor por lo general incluye fechas, sucesos, vestimentas y otros objetos para mostrarle al lector el momento en que se desarrolla. Encuentra detalles que te permitan saber que *El radio de Ron* se ambienta en el pasado, como, por ejemplo, el radio nuevo.

Tu turno

Trabaja solo o con un compañero. Comenta cómo utilizarías tu propio radio si vivieras en 1933. ¿En dónde lo escucharías? ¿Qué escucharías?

Dibuja una "fotografía" para tu álbum familiar. Apóyate en detalles del relato con los que puedas mostrar un punto de vista particular y cómo lucirían tú y tu casa en 1933. Escribe un pie de foto para la imagen.